Florian Fritz

22x Südtirol
VERY SPECIAL PLACES

Impressum

Bibliografische Information der Deutschen Nationalbibliothek:
Die Deutsche Nationalbibliothek verzeichnet diese Publikation in der Deutschen
Nationalbibliografie; detaillierte bibliografische Daten sind im Internet über http://dnb.dnb.de
abrufbar.
© 2022 Florian Fritz, Text, Fotos, Layout, Lektorat, alle Rechte vorbehalten
Herstellung und Verlag: BoD – Books on Demand, Norderstedt
ISBN: 9783755708339

Inhalt

Einführung

Very special places in Südtirol? Klingt das nicht nach einem Marketing-Gag, um das vielgerühmte Ranui-Kirchlein im Villnösstal zum 22. Mal ins rechte Touristik-Licht zu rücken?
Und das, wo es doch schon dutzende Bücher über die Region gibt? 111 Orte, 80 Glücksorte, 66 x Südtirol, wie Sie es noch nicht kennen, 55 Fotospots, die 44 Lost Places fehlen noch in der Sammlung der Veröffentlichungen.

Dennoch erhebe ich den Anspruch, mit diesem Büchlein etwas Neues zu kreieren. Zum einen, weil ich als langjähriger Autor des Südtirol-Individualreiseführers aus dem Michael Müller Verlag von mir behaupten kann, das Land wirklich gut zu kennen, zum anderen, weil selbst in einer Enzyklopädie wie dem genannten Buch nicht alle schönen Orte mit der dazugehörigen Geschichte ihren Platz finden können.
Diese Lücke versucht der vorliegende Band zu verkleinern, nicht zu schließen, das ist unmöglich.

Was aber macht nun die *very special places* aus? *Hidden* sind sie nicht unbedingt, *lost* schon gleich gar nicht, *secret* – na, ja, Definitionssache. Vielleicht sind sie ein bisschen von all dem, am Ende aber vor allem ein Teil meiner ganz persönlichen Favoriten. Plätze, Orte, Themen, Erlebnisse, die mir besonders gefallen (haben), die ich besonders bedeutsam, besonders romantisch, besonders schräg finde.
Eingebettet in eine Umgebung, die es auch wert ist, beachtet und erkundet zu werden.

Da ich ebenso gerne fotografiere wie schreibe, sind die Plätze mit Bildern veranschaulicht, oder, besser gesagt, mit Bildmosaiken interpretiert. Denn Fotos sind für mich immer mehr als bloßes Abbild. Sie erweitern die Perspektive, lenken den Fokus auf das Spezielle, hier auf die Vielfalt, das Unterschiedliche, sich Ergänzende.

Ein Puzzle eben, das aus vielen Teilchen besteht. Wenn es den Leser*innen gelänge, die Teilchen für sich so zusammen zu setzen, dass sie eine spannende, unterhaltsame, abwechslungsreiche Zeit mit diesem Buch und der Region Südtirol verbringen, dann habe ich mein Ziel erreicht.

Viel Spaß dabei!

Florian Fritz, Aying, im Frühjahr 2022

1. Die Brenner-Grenzkammstraße

Hoch über dem Brennerpass, für alle Durchreisenden nicht einmal zu erahnen, erstrecken sich weitläufige grüne Hänge und sanfte Kämme, durchzogen von alten Militärstraßen, die fast ohne Steigungen in sanften Kurven dem Profil der Landschaft folgen. Unterbrochen werden sie hin und wieder von Bunkeranlagen und Forts aus der Zeit zwischen 1938 und 1942, errichtet von Mussolinis Arbeitern als Teil des Alpenwalls.

Heute bröckeln die Betonmauern und -dächer vor sich hin und bieten den Kühen willkommenen Unterstand bei einem Gewitterschauer. Im Frühsommer sind die Wiesen von einer farbigen Blütenpracht überzogen, und das Gesumme unzähliger Insekten erfüllt die Luft. Nach Osten erstrecken sich die mächtigen Zillertaler Alpen, nach Westen hin die Stubaier, der Alpenhauptkamm ist gespickt mit 3000ern, ein wahrhaft erhabenes Panorama.

Die gut erhaltenen Wege in Forststraßenqualität ziehen sich hin bis zum Pflerschtal. Dort führen sie ebenso steil in engen Serpentinen hinunter nach Gossensass (1000 hm), wie sie vom Brennerpass steil bergauf ziehen (700 hm). Das ist auch der Grund, warum der Grenzkamm nur von wenigen Wanderern begangen wird – wenn man oben angelangt ist, kann man eigentlich schon fast wieder kehrt machen. Für Mountainbiker dagegen ist das Gebiet ein Paradies, und seit das E-Bike auch den durchschnittlich Sportlichen die Auffahrt ermöglicht, ist die Grenzkammrunde mit ihren etwa 30 km Länge ein sehr beliebter Ausflug in eine phantastische Landschaft, deren Erkundung allemal eine Alternative zur atemlosen Fahrt von München an den Gardasee darstellt.

Infos: Zugang gibt es von österreichischer Seite über den Parkplatz Sattelberg bei Gries und die bewirtschaftete Sattelbergalm zu Fuß und per MTB. Vom Brenner gelangt man über den Weg Nr. 80 zu Fuß ebenfalls zur Sattelbergalm oder über den Weg Nr. 3 (sehr steil) zu Fuß oder per MTB über die Steinalm hinauf. Von Gossensass (Parkplatz Giggelberg) geht es auf der steilen, teils geteerten Militärstraße nach oben Richtung Giggelberger Almen.

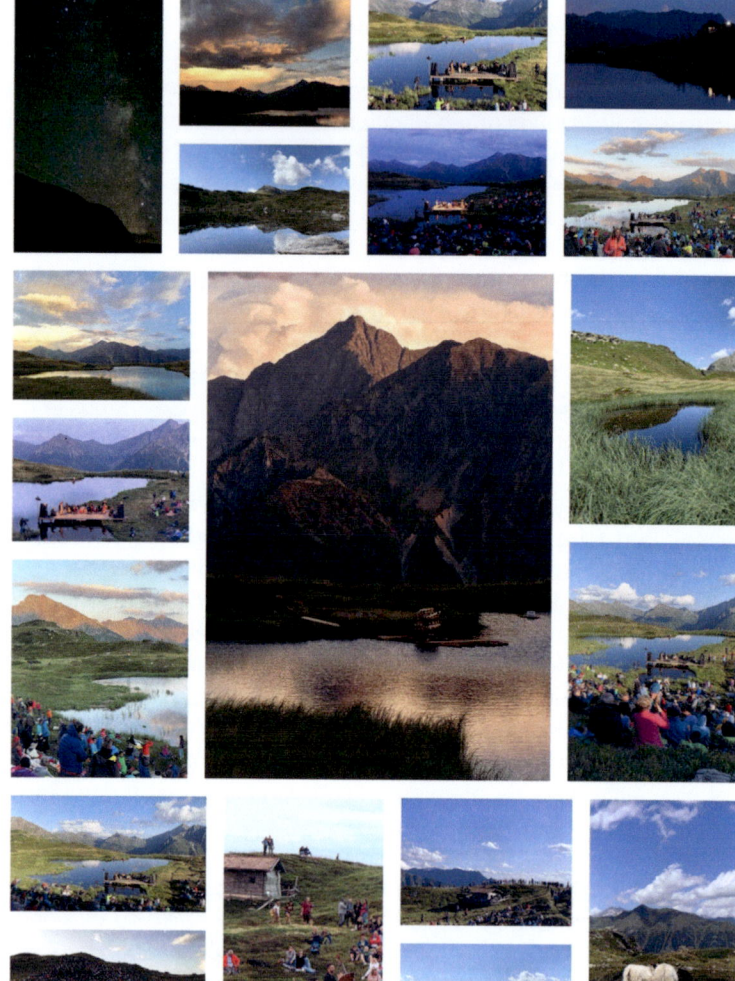

2. Der Flecknersee

An der Römerkehre, südseitig nur wenig unterhalb der Passhöhe des Jaufenpasses gelegen, startet die vielbegangene Wanderung zur rustikalen Flecknerhütte (30 Min.), die sommers wie winters (Winterwanderweg) eine beliebte Einkehr ist.

Auf halbem Weg liegt in einer Senke der Flecknersee, eingebettet in eine Landschaft aus Gräsern und Alpenrosen, eigentlich nur einer von zahllosen idyllischen kleinen Bergseen inmitten weiter Almwiesen.

Was diesen See von allen anderen unterscheidet: Einmal im Jahr wird er, sofern das Wetter mitspielt, Zeuge einer spektakulären Open-Air-Veranstaltung. Ende Juli, Anfang August lädt der Passeirer Tausendsassa Herbert Pixner mit seinem Herbert Pixner Projekt zu einem grandiosen Musikabend ein. In der Besetzung Akkordeon, Gitarren, Harfe und Bass spielt die Band vor bis zu 1500 euphorisierten Zuschauern, die sich an den umliegenden Hängen mit Picknickkorb und Wärmedecke gemütlich zwischen harten Grasbüscheln, Felsbrocken und Alpenrosen einrichten (was nicht zu 100% bodenschonend ist). Es gibt (alkoholische) Getränke, Brotzeit und Dixi-Klos.

Im Lichte der Dämmerung mit zunehmend röter werdendem Himmel vor der zackigen Silhouette der Jaufenspitze wird ein Programm geboten aus klassischer und moderner Volksmusik, verfeinert mit Elementen aus Jazz und Blues, irgendwann leuchten Fackeln am Seeufer, mehr Romantik geht nicht.

Am Ende eines unvergleichlichen Abends nehmen alle leicht fröstelnd (denn selbst im Sommer sinkt die Temperatur hier nachts unter 10 Grad) brav ihren Müll wieder mit.

Infos: Da es keine unmittelbaren Parkmöglichkeiten gibt, fahren Shuttlebusse vom Passeiertal und den Parkplätzen in der Nähe des Jaufenhauses (von dort kann man auch in gut 30 Min. auf einem schönen Wanderpfad zu Fuß zum Flecknersee laufen) bis zur Römerkehre. Das Konzert ist nach Bekanntgabe der Tourdaten schnell ausgebucht, deshalb sollten Interessierte schon ab Jahresbeginn im Internet nachsehen. Wenn das Wetter nicht mitspielt, findet das Konzert in St. Leonhard in Passeier statt, www.herbert-pixner.com.

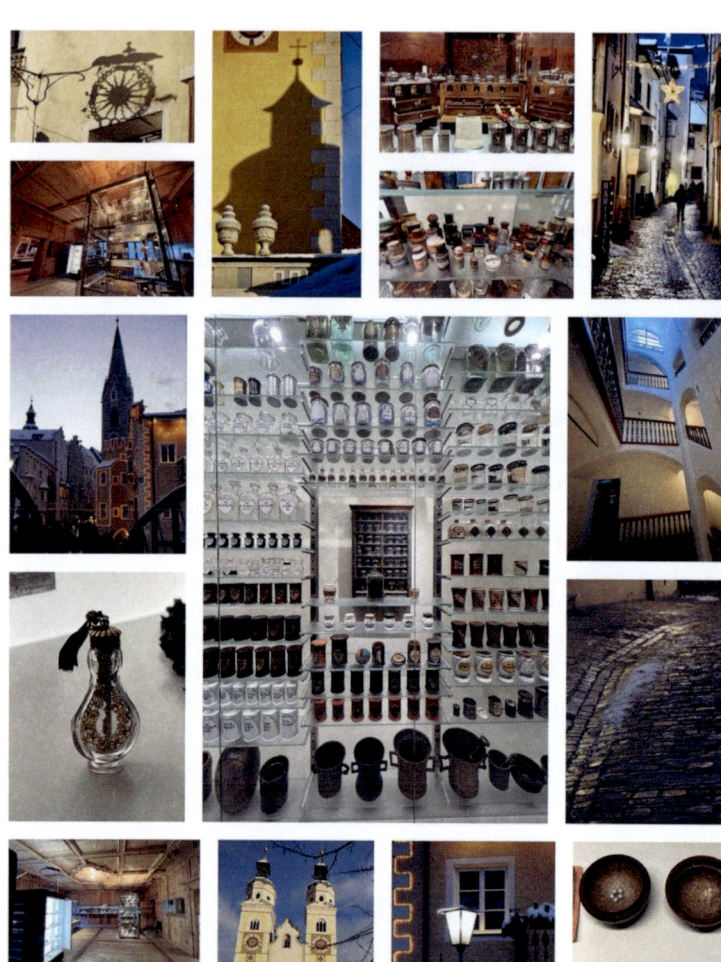

3. Das Pharmaziemuseum in Brixen

Museen gibt es viele in Südtirol, manche sind weltbekannt wie das Archäologiemuseum in Bozen, landläufig auch als Ötzi-Museum bezeichnet. Ein besonderes Exemplar stellt das Pharmaziemuseum der Stadtapotheke Brixen in einem gut erhaltenen mittelalterlichen Bürgerhaus dar. Die Apotheke existiert seit 1604 und ist seit 1783 im Besitz der Familie Peer. Die Fassade fügt sich nahtlos in die übrigen Häuserfassaden der Adlerbrückengasse ein, im Erdgeschoss befindet sich die moderne Apotheke der Gegenwart. Erst der Weg durch das stille, verschachtelte Treppenhaus mit Lichtschacht führt einen zurück in die Vergangenheit.

Im 2. Stock sind in vier holzgetäfelten Räumen Exponate aus vier Jahrhunderten ausgestellt, die alle aus dem Fundus der Apotheke stammen. Neben Flaschen und Fläschchen in allen Formen und Farben sind es vor allem die Kuriositäten, die den Ort einzigartig machen. Beispiele gefällig?
An der Decke baumelt ein getrocknetes Krokodil, pechschwarz und verschrumpelt. Es hing schon früher in den Verkaufsräumen und sollte dem Geschäft ein alchimistisch-mythisches Flair verleihen, was zweifellos gelungen sein dürfte. Ein elegantes, bauchiges Metallutensil entpuppt sich als „Spuck-Flachmann", denn in früheren Zeiten galt es, im Gegensatz zu heute (leider!), als ausgesprochen unschick für den Herrn, seinen Speichel auf die Straße zu rotzen.
Weltweit einmalig ist das Herbarium von 1653, in dem insgesamt 911 gepresste Pflanzen aus dem botanischen Garten von Padua erfasst sind und das Seite für Seite in digitalisierter Form durchgeblättert werden kann – da ist schnell mal ein regnerischer Tag mit Wissenserwerb gefüllt. Sollte man vom vielen Lesen Kopfschmerzen bekommen, findet sich einen Stock tiefer sicherlich das geeignete Mittelchen dagegen.

Infos: Das Museum hat dienstags und donnerstags (14 bis 18 Uhr) und samstags (11 bis 16 Uhr) geöffnet, mit der Brixencard kommt man umsonst hinein, www.pharmaziemuseum.it.

4. Die Hütte am Helm-Gipfel

Normalerweise ist es in Südtirol so: Man erklimmt einen Berg, erreicht den Gipfel, und wenn sich dort, oder in der Nähe, eine Hütte befindet – dann nichts wie rein, und dann wird erst mal ein Kaiserschmarrn, ein Knödeltris oder ein Apfelstrudel konsumiert.

Wenn man dagegen die Helmhütte am gleichnamigen Gipfel (2433 m) am Grenzkamm zwischen Osttirol und Südtirol erreicht, trifft man auf ein verfallendes, mit Verschlägen vor den Fenstern verschlossenes Gebäude, etwas unterhalb liegen bröckelnde Betonanlagen am Hang.

Im Jahre 1891 wurde auf dem Helm die erste Hütte errichtet, ein prächtiger Bau mit großer Aussichtsterrasse, damals lag der Berg in Österreich-Ungarn. Die Hütte war ein beliebtes Wanderziel. Nach dem ersten Weltkrieg wurde sie 1925 Italien zugeschlagen und fortan als Zollhaus und Teil eines von Mussolini erbauten militärischen Grenzbefestigungskomplexes genutzt, dessen Bunkerreste heute noch erhalten sind. Die Dachterrasse wurde zu diesem Zweck abgetragen. Nach dem 2. Weltkrieg blieb die Hütte in italienischem Besitz, wurde aber nicht mehr verwendet und jahrzehntelang dem langsamen Verfall durch Wind und Wetter überlassen. 1999 übernahm das Land Südtirol die Hütte und beschloss 2013, sie an die Gemeinde Sexten zu verkaufen, die sie renovieren und einer neuen Nutzung zuführen wollte. Seither ist nicht wirklich viel passiert.

Nichtsdestotrotz ist der Rundumblick vom Helm grandios. Im Norden liegt der Alpenhauptkamm vor einem, im Süden grüßen die Drei Zinnen und die Sextner Dolomiten, und auch der Blick entlang des Grenzkamms Richtung Sillianer Hütte ist eindrucksvoll.

Und eine mitgebrachte Brotzeit lässt sich allemal verzehren, dabei sollte man es nicht versäumen, einen Blick auf die alten Grenzsteine zu werfen, die an der Nordwand der Hütte einbetoniert sind.

Infos: Von Sexten oder Vierschach fährt einen die Seilbahn bequem auf über 2000 m, anschließend geht es auf einer alten Militärstraße in 1 bis 1,5 Std. entspannt auf den Gipfel, www.dreizinnen.com.

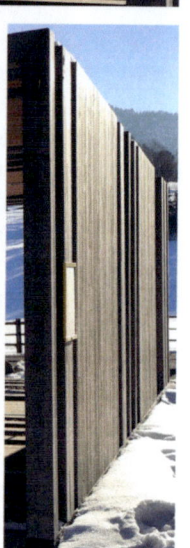

5. Die Bushaltestelle am Panider Sattel

Der Panider Sattel ist der Übergang zwischen Grödner Tal und der Hochebene von Kastelruth und Seis, ein flacher, bewaldeter, unspektakulärer Rücken, über den man auf der gut ausgebauten Straße einfach hinüberdüst.

Was schade ist, denn hier findet sich eine originelle Bushaltestelle: Die „Swinging Frames" des preisgekrönten Südtiroler Architekturbüros *noa* sind eine luftige Holzkonstruktion aus Wänden mit Infotafeln, mehreren Rahmen und insgesamt vier Schaukeln, deren breite Sitzfläche mehreren Personen Platz bietet.

Ein kleines Kunstwerk der Architektur nur, aber stellvertretend für die Innovationskraft und den herausragenden Ruf, den sich zahlreiche Südtiroler Architekturbüros in den letzten Jahrzehnten weltweit erarbeitet haben. Ihre Palette reicht dabei vom Umbau mittelalterlicher Höfe und historischer Berghütten über futuristische Hotels und Bürogebäude bis hin zu Bauten für Feuerwehren und Fernwärmeheizkraftwerke. Grundprinzipien sind hierbei neben der Verwendung natürlicher, regionaler Baustoffe wie Lärchen- und Zirbenholz, Dolomit und Gneis auch energetische Faktoren wie das „Klimahaus"-Label. Nicht alle Einheimischen sind immer begeistert von so viel Schaffenskraft, vielen Projekten gingen oder gehen erbitterte Diskussionen voraus. Gerade beim Neubau von Berghütten an historischen Standorten scheiden sich die Geister, und auch die ebenfalls von *noa* gestaltete Aussichtsplattform *Ötzi Peak* auf 3200 m Höhe im Schnalstal empfinden manche als Verunglimpfung archaischer Bergwelten.

Die Bushaltestelle am Panider Sattel war nicht Gegenstand derartiger Debatten. Sie ist einfach ein originelles, sich in die Umgebung harmonisch einfügendes Bauwerk, an dem man zum Zweck der schaukelnden Entschleunigung eine Pause einlegen kann, auch wenn man gerade nicht den Bus nehmen möchte.

Infos: Die „Swinging Frames" liegen unmittelbar an der SP 64 beim Abzweig zum Hotel Pinei, man kann in der Nähe das Auto abstellen. Alternativ nimmt man den Bus 172 von Seis nach St. Ulrich (oder umgekehrt) und steigt am Panider Sattel aus, www.noa.network.

6. Der Kalkofen im Langental

Das Langental bei Wolkenstein ist ein spektakuläres Trogtal, das am Eingang beiderseits von steilen Felswänden begrenzt wird. Linkerhand finden sich versteckt unter einem Felsüberhang die Überreste der Burg Wolkenstein. In den Felswänden darüber nistet seit vielen Jahren ein Adlerpärchen.

Zum Ende hin weitet sich das Langental zu einer großartigen Wiesenfläche, hinter der senkrecht die Felsen emporragen. Oberhalb wartet die Puez-Hochfläche, eine geröllbedeckte Wüstenei. Das Langental ist also in vielerlei Hinsicht ein spektakulärer Ort.

Nur allzu leicht übersieht man, knapp 4 km nach dem Beginn des Tales, eine kreisrunde, gemauerte Vertiefung im Boden links des Weges. Halb eingefallen liegt sie im Dämmerschlaf, von einem brüchigen Holzzaun bewacht, an den man sich lieber nicht lehnen sollte.

Es handelt sich um die Überreste eines Kalkbrennofens. Noch im 19. Jh. brannte die Bevölkerung sich ihren Baustoff zum Bau von Gebäuden selber und nutzte dafür gemauerte Öfen in Form eines oben offenen Zylinders mit einer Zugangsöffnung am unteren Ende. Der Durchmesser betrug bis zu 4m, der besseren Dämmung wegen waren die Öfen ins Erdreich gebaut. Kalksteine wurden in den Hohlraum gefüllt und dann etwa eine Woche lang bei bis zu 1400 Grad Celsius gebrannt. Die Flammen schlugen hoch und waren weithin zu sehen, was die Menschen dazu veranlasste, auch von weither zum geselligen Beisammensein beim Ofen einzufinden. Wenn der Vorgang beendet war, wurde der gebrannte, gehärtete Stein abgeholt.

Wer heute vor dem stillen, verwunschenen Loch mitten im Grünen steht, braucht eine gewisse Vorstellungskraft, um hier eine lärmende Versammlung in der wohligen Wärme der lodernden Flammen wahrzunehmen...oder?

Warum der Ofen soweit drinnen im Tal steht? Vermutlich war das Material dort gleich um die Ecke verfügbar.

Infos: Der Ofen ist vom Eingang des Langental in etwa 1 Std. auf einem breiten, familienkompatiblen Weg zu erreichen. Von dort ist es nicht mehr weit bis zur offenen Wiesenfläche, die sich perfekt für ein Picknick und grenzenloses Herumtollen eignet.

7. Die Almen im Staudenbergtal

Das wilde Ridnauntal bei Sterzing verläuft direkt auf den mächtigen Alpenhauptkamm mit den eisbedeckten Dreitausendern der Stubaier Alpen zu. Vom Dorf Maiern zweigt ein zunächst unscheinbar wirkendes Tal nach Süden ab, das Staudenbergtal. Entlang des schäumenden Staudenbergbachs gelangt man in ein zunehmend wildes Hochtal mit weit aufragenden, grasbewachsenen Steilhängen. Dem geduldigen Wanderer können dabei durchaus auch Murmeltiere und ein paar Gämsen über den Weg laufen.

Nach etwa 70 Min. gelangt man an die familienfreundliche Martalm (samt Enten, Hasen und preisgekrönter Graukäseproduktion), nach 2:20 Std. und einem Aufstieg über weit ausladende Serpentinen zur urigen Staudenbergalm, deren nicht minder uriger Wirt Karl samt Hirtenhunden, Hühnern und Schweinen nur darauf wartet, einem Geschichten aus den Bergen zu erzählen. An einer Stelle vor der Hütte befindet sich am Zaun eine kleine überdachte Auflagefläche aus Holz, die allem Anschein nach keinem erkennbaren Zweck dient.

Von wegen! An dieser Stelle, so erläutert Karl, hat das Handy Empfang, und nur an dieser Stelle. Es bleibt zu hoffen, dass da nicht mehrere Wandersleute gleichzeitig einen dringenden Kommunikationsbedarf verspüren, sonst würde es eng.

Wobei in dieser wunderschönen Gegend, wo an den Steilhängen des Talabschlusses weit verstreut und friedlich Hunderte Kühe, Schafe und Ziegen weiden, der Kommunikationsbedarf ohnehin bei einem kühlen Bier, einem Glas kräftigen Roten und einer Speck-/Käseplatte gedeckt werden sollte.

Oder man stellt einfach mal die Kommunikation untereinander ganz ein und genießt still den weiten Rundblick, umspielt von einer milden Brise Sommerwind und mit den wärmenden Sonnenstrahlen im Gesicht, hin und wieder in den azurblauen Himmel blinzelnd.

Infos: Martalm, geöffnet von Juni bis Okt., eine Stunde zu Fuß ab Maiern, Almküche und Graukäse. Staudenbergalm, geöffnet von Juni bis Mitte Sept., 2 bis 2,5 Std. zu Fuß ab Maiern, hausgemachter Speck, der gesamte Weg ist auch gut mit dem MTB befahrbar.

8. Die Mühlen am Breibach im Tierser Tal

Das Tierser Tal ist eine beliebte Zufahrtsstrecke zum sagenumwobenen Rosengarten, auch der Ort Tiers, das malerische Kirchlein St. Zyprian und das wildromantische Tschamintal werden oft zum Ziel eines Besuchs.

Weit weniger bekannt ist der schattige Talgrund mit dem Breibach. Dabei war das Tal einst eine historische Gewerbezone. Bis zur Hochwasserkatastrophe im Jahr 1882 existierten entlang des Bachlaufes 46 Betriebe: Sägen, Mühlen, Schmieden. Seit dem Bau der Talstraße im Jahre 1811 konnte das Schnittholz aus dem waldreichen Gebiet auf schnellstem Weg nach Bozen gebracht werden, was zu einem enormen Aufschwung führte. Besonders nach dem Ersten Weltkrieg und dem Anschluss Südtirols an Italien arbeiteten einige Brettersägen rund um die Uhr, weil in den alten Provinzen enorme Nachfrage nach Bauholz herrschte. Zugute kam den Betrieben auch der Umstand, dass immer genügend Wasser zur Verfügung stand.

Die Schmiede produzierten vor allem Hufeisen, Werkzeuge und die Bereifung für die Ochsen- und Pferdefuhrwerke.

1882 wurden viele dieser Betriebe durch ein katastrophales Hochwasser zerstört und nicht wieder aufgebaut. Die Goflmorter Säge, deren Gebäude gut erhalten sind, stellte 1966 als eine der letzten ihren Betrieb ein.

In Breien gibt es noch eine in Betrieb befindliche Säge, die Manötscher Säge, und in Tiers eine Schaumühle. Der Mühlweg führt von ihr hinunter in den bewaldeten Talgrund, mit dem Anwesen Goflmort als erster Station. Wer dem Weg entlang des plätschernden Baches folgt, passiert mehrere verfallene Gebäude. Es ist feucht, dunkel und abgeschieden, dass hier schon vor Jahrhunderten reger Betrieb geherrscht haben soll, bedarf einer gewissen Vorstellungskraft.

Infos: Die Wanderung am Breibach ist Teil des Tierser Höfewegs, der von Tiers bis St. Kathrein führt und in beiden Richtungen begangen werden kann, Dauer 1,5 Std., Länge 5 km. Es geht in jedem Falle zu Beginn steil hinunter und am Ende steil hinauf, allerdings auf breitem Weg. Für den Rückweg nutzt man den etwa stündlich verkehrenden Bus 185, www.tiersertal.com.

9. Die Heuharpfen in Misci

Der Ort Lungiarü, eingeklemmt zwischen den Bergstöcken des Peitlerkofels und der gewaltigen Geislergruppe, ist als zertifiziertes Bergsteigerdorf kein wirklicher Geheimtipp mehr. Die alten Weiler (ladinisch „Viles") Seres und Misci (1671 urkundlich erwähnt) mit ihren teils historischen, eng aneinander gedrängten Höfen liegen inmitten prächtig blühender oder üppig grüner Wiesen oder im Widerschein goldgelber Lärchen, je nachdem, zu welcher Jahreszeit man kommt. Zwischen den Weilern verläuft das idyllische Mühlental mit mehreren restaurierten Mühlen, die sich wie an einer Perlenkette entlang des plätschernden Mühlbaches aufreihen.

In Misci fallen mehrere, bis zu 15 m hohe Holzgerüste ins Auge, die zwischen den Gebäuden der Höfe in den Himmel ragen. Es handelt sich um sogenannte „Heuharpfen", an denen seit alters her das gemähte Gras zum Trocknen aufgehängt wurde. Dies geschah auf den oberen Verstrebungen mit Hilfe von Flaschenzügen. Der Begriff „Harpfe" stammt bereits aus dem 13. Jh. und wurde zuerst in der Sextner Gegend benutzt. Historische Harpfen sind kaum erhalten, da das Holz im Laufe der Jahre durch die Witterung feucht und morsch wurde und die Gerüste immer wieder erneuert werden mussten. Die Harpfen in Misci sind aufgrund ihrer Höhe rare Exemplare.

Harpfen gab und gibt es in Kroatien, Slowenien, Kärnten, der Steiermark und als „Histen" in Graubünden und im Tessin in der Schweiz. Sie sind ein Beispiel dafür, wie uralte landwirtschaftliche Methoden bis in die Gegenwart überlebt haben, weil sie sich, allen modernen Instrumentarien zum Trotz, bis heute als alltagstauglich erweisen.

Infos: Nach Lungiarü gelangt man vom St. Martin in Thurn im Gadertal auf der SP 57. Die Harpfen integriert man am Besten im 45 Min. dauernden „Mühlenweg" oder in der 10 km langen „Roda dles Viles", der Rundwanderung durch alle Weiler des oberen Tales, die etwa 3,5 Std. dauert und in Misci endet (im Sommer geführte Wanderungen mit Besichtigung der funktionierenden Mühlen, www.pustertal.org). Anschließend rundet man den Ausflug mit einem deftigen Mahl im ladinischen Gasthof Lüch da Vanc ab, www.vanc.it, www.bergsteigerdoerfer.org.

10. Bad Rumestluns in La Val

La Val, oberhalb des Gadertales und unterhalb der mächtigen Felswände von Neuner, Zehner und Heiligkreuzkofel gelegen, ist eine idyllische Ansammlung von Höfen und Weilern inmitten welliger Wiesen. Zwischen der Ortschaft und den Felsen liegen die prachtvollen Almhochflächen Rit und Armentara, die im Frühsommer in üppiger Blumenvielfalt leuchten. Weithin sichtbar ragen die gotischen Kirchtürme von St. Barbara und der ehemaligen Pfarrkirche St. Genesius in den Himmel.

Bei derart vielen Höhepunkten lässt sich eine unscheinbare Besonderheit leicht übersehen: Bad Rumestluns, beim Gasthof Al Bagn gelegen.

Das Wasser der Heilquelle war seit Jahrhunderten ein beliebtes Bauernbad für die ladinische Bevölkerung. Die ursprünglichen Holzbauten brannten im 18. Jahrhundert und ein zweites Mal im Jahre 1896 ab Sie wurden jedoch jedes Mal wieder aufgebaut. 1978 wurde nach einer Modernisierung des Gasthofes der Badebetrieb eingestellt. Auch ausländische Gäste besuchten den Ort, der bekannteste unter ihnen war der Atomphysiker und Nobelpreisträger Dr. Max Planck.

Das Wasser ist leicht mineralhaltig. Es enthält Sulfid, Jod und Spuren von Brom und tritt mit etwa 6 Grad Celsius an die Oberfläche. Es soll unter anderem gegen Appetitlosigkeit und rheumatische Beschwerden helfen und in früheren Zeiten kamen die Menschen, um sich mit seiner Hilfe von der Krätze zu befreien. Im Jahre 2009 wurde der Quellauslauf, der etwas oberhalb des Gasthofes liegt, neu gefasst. Eine runde Steinscheibe mit drei Wasserrinnen bildet seither den Austritt, es gibt Sitzbänke und Wasserhähne, wo man das schwefelig riechende und schmeckende Wasser probieren kann, ein schöner Ort, um innezuhalten und sich den ehemals geschäftigen Badebetrieb vorzustellen.

Infos: Bad Rumestluns (www.albagn.it) erreicht man von Lunz über die Streda Plans. Wenn man sie weiter hinein Richtung Talende fährt, kommt man zunächst zum Wanderparkplatz Richtung Armentarawiesen (1,5 Std. bis zur Hütte Ranch da Andrè), später (die Straße führt auf der anderen Talseite zurück) zum Parkplatz Richtung Ritwiesen (1 Std. bis zur Hütte Ütia da Rit).

11. Das Wildbad Innichen

Lost Places sind ja neuerdings ein Label, das sich für abenteuerhungrige Globetrotter gut verkauft. In Südtirol ist dieser Boom (noch) nicht angekommen, aber die entsprechenden Orte, die gibt es natürlich! Das Wildbad Innichen in der Nähe des gleichnamigen Ortes im Hochpustertal, Ausgangsort für Touren in die Sextner Dolomiten und das Drei-Zinnen-Gebiet, würde definitiv dazugehören.

Erstmals urkundlich erwähnt im Jahre 1586 und erbaut in seiner jetzigen Form 1856 von einem ungarischen Arzt, an einer Stelle, die schon in der Antike aufgesucht wurde (wie römische und illyrische Münzfunde belegen), erlebte es als Sanatorium und Grandhotel glanzvolle Zeiten.

Seit es im 1. Weltkrieg teilweise zerstört wurde, verfällt es denkmalgeschützt auf seiner Lichtung inmitten dunkler Nadelwälder vor sich hin. Da es versteckt gelegen und nur zu Fuß oder mit dem Rad erreichbar ist, ist es bis heute kein Treffpunkt touristischer Massen, sondern strahlt eine schaurig-schöne Vergessenheit aus.

Obwohl von einem Zaun umgeben, sind gute Einblicke in die schwarzen Fensterhöhlen, auf verblichene Malereien halb eingestürzter Wände und verrottendes Dachgebälk möglich.

Damals wie heute ist der Bau von fünf verschiedenen Quellen umgeben (an der braunrot leuchtenden Eisenquelle kommt man direkt vorbei), bekanntestes Produkt ist das Kaiserwasser, das in Flaschen abgefüllt erhältlich ist.

Infos: Man erreicht das Wildbad von Parkplatz der Haunold-Bahn aus auf den Wegen 105 (Richtung Sexten) und 7 (ein Forstweg, beschildert) in etwa 1 Std., Rückweg 45 Min. Alternativ lässt sich vom Wildbad auf unschwierigem Forstweg 8a die Jora-Hütte (sehr gute Küche) erreichen und von dort zurück nach Innichen absteigen (ab Wildbad 1 Std.). Möglich ist es auch, zum Haunold hochzufahren und dann auf den Wegen 6a und 7 zum Wildbad abzusteigen (30 Min.). Mehr zu Innichen unter www.drei-zinnen.info.

12. Katharinaberg im Schnalstal

Das Schalstal? Fundort des Ötzi, geadelt neuerdings durch die futuristische Aussichtplattform „Iceman Ötzi-Peak", mit der Seilbahn ratzfatz auf 3200 m zur Grawandspitze, Gletscher gucken, Skifahren, mittelalterliche Höfe als Kulisse für Kinofilme (Marchegghof), das mythische Karthaus, ein aufgelassenes Kloster mit einem wunderschönen gotischen Kreuzgang, Steinböcke gucken im Pfossental, der tiefgrüne Vernagt-Stausee – was vergessen?

Ach ja, Katharinaberg. Stiller Ort am Eingang des Schnalstals, hoch oberhalb auf einer Kuppe gelegen, erbaut auf den Überresten der alten Schnalsburg, mit einem schönen Blick hinüber zu Reinhold Messner und seinem Schloss Juval auf der anderen Talseite.

Ein paar alte Höfe, ein beeindruckendes übermannshohes Kruzifix, und direkt am Abhang, fast in die Senkrechte hinausgebaut, ein futuristischer Betonblock mit einer Glasfront, die ins Schnalstal hineinblickt.

Es handelt sich um die 2012 erbaute Friedhofskapelle, erschaffen von dem Vinschger Architekten Arnold Gapp. Das Licht strömt vom Schnalstal her in den Raum und soll als Zeichen des Lebens und der Zuversicht wirken. Die modernen Holzschnitte im Inneren stammen vom bekannten Künstler Friedrich Gurschler.

In Katharinaberg verbindet sich die Moderne mit der Urzeit, denn in der Nähe des Ortes fanden sich Silex-Stücke, die im jungsteinzeitlichen Ackerbau (vor etwa 4000 Jahren), in hölzerne Sicheln gesteckt, verwendet wurden. Möglicherweise liegt der Ort an einer alten Verbindungsroute vom Vinschger Sonnenberg ins Pfossen- und Schnalstal, die auch zum Viehtrieb genutzt wurde. Sicher ist hingegen, dass die moderne Strecke des vielbegangenen Meraner Höhenwegs hier vorbeiführt.

Infos: Die Zufahrt ins Schnalstal führt zunächst durch einen Tunnel. Die erste Abfahrt nach rechts geht dann sehr steil, aber gut ausgebaut hinauf nach Katharinaberg, wo, wenn unten im Talgrund noch oder wieder tiefster Schatten liegt, die Sonne auf den Hausdächern blitzt.

13. Das Häusl am Stoa im Ultental

St. Pankraz im Ultental ist ein malerischer Ort etwas oberhalb der Falschauer gelegen, des Gebirgsbaches, der am Talgrund des Ultentals entlangfließt. Das Tal ist bekannt für seine alten Höfe, sein Schüttelbrot, seine Kräuter und die weiten Lärchenwälder, schön zu durchwandern auf dem Ultner Höhenweg.
Ein verstecktes Kuriosum ist das unterhalb von St. Pankraz und auf der anderen Seite des Bachs taleinwärts in der Nähe der Sportstätten gelegene *Häusl am Stoa*, von dem man den Eindruck hat, es wäre mithilfe von Stelzen auf einem in der Wiese liegenden Felsblock errichtet worden.
Tatsächlich wurde es vor einigen Jahrhunderten ganz schlicht auf einer Wiese erbaut, die Basis stützte sich auf Felsboden, der darunter lag. Bei einem schweren Hochwasser im Jahr 1882 wurden mehrere Häuser weggerissen, nur dieses Haus blieb wie durch ein Wunder stehen.
Es stellte sich dann heraus, dass es sich keinesfalls um ein Wunder handelte, sondern der Felsboden tatsächlich ein isolierter Felsblock im Untergrund gewesen war, der heute in der üppig grünen Wiese liegt, das Haus nach wie vor auf seinem Rücken geschultert. Die Holzfassade ist von der Sonne geschwärzt, das Dach ist original mit den hier typischen Lärchenschindeln bedeckt, ein sehr idyllischer Anblick.
Der Ultner Talweg schlängelt sich unterhalb des Felsens vorbei, und wenige Meter dahinter plätschert friedlich der Falschauer vor sich hin. Eine Sitzbank vor dem Felsen bietet die Gelegenheit, den skurrilen Ort auf sich wirken zu lassen – kaum vorstellbar, welche Urgewalten damals, bei besagtem Hochwasser, gewirkt haben müssen, welches Inferno letztlich dazu führte, dass dieses Haus nunmehr eine touristische Bekanntheit wurde, im wahrsten Sinne des Wortes aufgrund seines Alleinstellungsmerkmals.

Infos: Parkplatz an der Sportzone. Hier hält man sich auf dem Badlweg=Ultner Talweg taleinwärts, und schon bald thront das *Häusl am Stoa* im Blickfeld, www.ultental.it.

14. Das verfallene Hotel im Martelltal

Das Martelltal ist für vielerlei bekannt: Für seine Erdbeeren, die bis in subalpine Höhen angebaut und Ende Juni mit einem eigenen Fest gefeiert werden, für die Bartgeiner, die um das Jahr 2000 wieder angesiedelt wurden und seit 2015 auch hier brüten, für den Zufritt-Stausee und die endlos scheinenden alpinen Hochebenen hinter der Zufallhütte, die im Winter grandiose Skitouren bis auf über 3000 m Höhe erlauben.

Die spektakuläre Plima-Schlucht bietet an ihrem östlichen Rand vier beeindruckende stählerne Aussichtspunkte, von denen man einen Blick in die wilde Klamm und hinaus ins dicht bewaldete Martelltal genießt.

Dabei fällt ein sonderbarer roter Klotz auf einer Lichtung ins Auge. Es handelt sich um die Ruine des Hotels Paradiso, gelegen auf 2.160 m Höhe. Das Haus wurde vom Architekten Gio Ponti in den Jahren 1935/36 als multifunktionales Nobelhotel mit fünf Geschossen, einer leichten Fassadenkrümmung und einem damals hypermodernen Pultdach realisiert, erlebte allerdings nur eine kurze Blütezeit zwischen 1936 und dem Kriegsausbruch 1940.

In der Zeit zwischen 1943 und 1945 diente es der SS-Division „Brandenburg" als Spionageschule und meldete gleich nach Kriegsende 1946 Konkurs an. 1966 erwarb die Algunder Familie Fuchs, Besitzerin der Brauerei Forst, das leerstehende und verfallende Objekt.

Bestrebungen, das baufällige Gebäude zu renovieren und einem neuen Zweck zuzuführen, sind bis heute nicht vorangekommen, was nicht wirklich verwundert, denn Größe und Zustand des Objektes würden Unsummen verschlingen. Die zunehmend verwitterte Fassade, schiefe Fensterläden, bröckelnde Mauern, all das vermittelt einen morbiden, etwas unheimlichen Eindruck, vor allem, wenn der kalte Bergwind um das trostlose Gemäuer pfeift.

Infos: Vom Wanderparkplatz im hintersten Talschluss gelangt man in 50 Min. auf einem kindergeeigneten Rundweg, der die erwähnten Aussichtspunkte passiert, zur Zufallhütte. Am Rückweg (35 Min.) passiert man den Julius von Payer-Stadel (15.). Das Hotel selbst liegt südöstlich vom Parkplatz, man kommt auf dem Wanderweg am Abzweig vorbei, hinter Bäumen versteckt.

Julius von Payer
als Alpenforscher und Kartograph der Ostalpen

15. Der Julius von Payer-Stadel im Martelltal

Wer von der Marteller Hütte den breiten Wanderweg Nr. 150 zurück Richtung Parkplatz wandert (s. auch 14.), erreicht bald einen beschilderten Abzweig zum Stadel nach rechts. Durch wellige Wiesenlandschaft führt ein Pfad zu dem gut erhaltenen Holzbau.

Der im 19. Jh. lebende Offizier, Kartograph und Polarforscher Julius von Payer verbrachte hier 1868 einige Tage im Rahmen seiner Vermessungstätigkeit der Gegend um die Ortlergruppe, die ihn in kurzer Zeit auf mehr als 70 Gipfel führte, von denen 38 Erstbesteigungen waren, eine für die damalige Zeit unfassbare alpinistische Leistung.

Schon als Leutnant hatte er sich Ausrüstungsgegenstände gekauft, um seinen Traum, die Vermessung unbekannter Alpenregionen, umzusetzen. Dass er auch ein begabter Maler war, half ihm bei der Dokumentation seiner Ergebnisse.

Nach zwei Polarexpeditionen 1870/74, bei denen unter anderem Franz Josef Land entdeckt wurde, heiratete er 1876, studierte Malerei und zog 1882 mit seiner Frau und mittlerweile zwei Kindern nach Paris, wo er unter anderem Gemälde zur Franklin-Polarexpedition schuf. Er wurde für viele seiner Bilder ausgezeichnet. Einige hängen heute in Reinhold Messners Museum *MMM Ortles* in Sulden (16.).

1890 trennte er sich von Frau und Kindern, da ihm deren Hang zum gesellschaftlichen Leben zunehmend zuwider war und zog nach Wien, wo er bis zu seinem Tod 1915 lebte, in den letzten Lebensjahren vergessen und vereinsamt.

Der schlichte, schön renovierte Stadel heißt im Tal „Zufallstadel". Lange nannte man ihn „Madritschhütte", bis ein Forscher aus Halle alte Aufzeichnungen analysierte und feststellte, dass es sich um ein- und dieselbe Hütte handelte. Julius von Payer ist bis heute Ehrenmitglied der DAV Sektion Halle/ Saale.

Infos: Der Abstecher zum Stadel beträgt etwa 15 Min., einige Infotafeln im heute leeren Gebäude informieren über den Kartographen und seine Zeit.

16. Das Bergsteigerhäuschen in Sulden

Alles Große fängt klein an – das gilt, und zwar mehr als weithin bekannt, auch für den Südtiroler Bergphilosophen Reinhold Messner. Er, der mit mittlerweile sechs spannenden, lehrreichen und spektakulären Museen seiner Heimat Südtirol ein Denkmal setzte, hat, museal betrachtet, auch mal ganz klein angefangen.

Hoch oben in Sulden, am Fuße des Ortlermassivs, befindet sich in der Nähe vom Hotel zur Post die „Mutter aller Messner-Museen", ein nur 5x5 Meter großes Bergsteigerhäuschen, in dem der Alpinist unter dem Titel „alpine curiosa" seine ersten Exponate zur Schau stellte. Verblieben sind ein paar Bilder und Geschichten zum Ortler, und, wenn man das winzige Gebäude betritt, das irgendwie erhabene Gefühl, in den Beginn einer großen Geschichte einzutauchen, ähnlich, als stünde man an der Quelle eines großen Flusses, dessen Mündung man bereits besichtigt hat.

Welch ein Glück, dass sich weitere Etappen der Geschichte ganz in der Nähe befinden: Das *MMM Ortles*, fast komplett in den Untergrund gebaut, spiegelt mit seiner Kühle und bläulichen Farbgebung das Innere eines Gletschers und informiert über. Exemplarisch stellt das Museum am Beispiel des Ortler Wirken, Wesen und Vergehen der Gletscher dar, illustriert mit eindrucksvollen Gemälden, unter anderem Bildern von Julius von Payer (siehe 14.). Direkt neben dem Museumsbau befindet sich in einem historischen Suldner Bauernhaus das Lokal „Yak und Yeti". Die holzgetäfelte Stube ist mit Himalaya-Devotionalien geschmückt, und es werden diverse Fleischgerichte vom Suldner Yak (Messner und die Yaks, das ist eine andere Geschichte) angeboten. Wer, im übertragenen Sinne, auf Messners Spuren wandeln will, hat dazu sommers (Bergtouren) wie winters (Skifahren) mehr als genug Gelegenheiten, bis auf weit über 3000 m kann man sich hinaufwagen. Immer im Blick das imposante Ortlermassiv, sollen wir es der Einfachheit halber „den Mount Everest Südtirols" nennen?

Infos: Das Bergsteigerhäuschen ist täglich von 9 bis 20 Uhr geöffnet, das *MMM Ortles* hat saisonale Öffnungszeiten, ebenso wie das „Yak und Yeti", www.messner-mountain-museum.it.

17. Der Bunker am Kreuzbergpass

Hunderte von Bunkeranlagen sind auf Südtiroler Gebiet nachgewiesen. Das reicht von den gut sichtbaren Überresten des von Mussolini in Auftrag gegebenen Alpenwalls an den Grenzübergängen Reschenpass, Brenner und auf diversen Kammlinien über monolithisch in grünen Wiesen thronende Betonmonster im hinteren Vinschgau bis hin zu versteckten, im dichten Wald überwucherten Brocken, die selbst aufmerksamen Wandersleuten leicht entgehen. Viele Anlagen sind von außen zugänglich, manchmal auch betretbar, andere wiederum, z.B. im Vinschgau, durch organisierte Führungen touristisch erschlossen. In neuerer Zeit hat es sich der Südtiroler Architekt Heimo Prünster zur Aufgabe gemacht, die Bunker zu erforschen und kulturell zu nutzen, www.heimopruenster.com.

Am Kreuzbergpass, dem Übergang vom Sextener Gebiet nach Belluno, finden sich eher unscheinbare Überreste. Der hier vorgestellte Bunker (erbaut zwischen 1939 und 1942) befindet sich am Wanderweg zwischen dem Pass und der Bergstation der Rotwand-Seilbahn. Er ist derzeit frei zugänglich (natürlich auf eigene Gefahr). Wer den Schritt wagt (Taschenlampe hilfreich), befindet sich alsbald in einem düsteren Gang, es ist feucht, zwischendrin gibt es Schießscharten, in die Wände geritzte Liebesbotschaften und diverse Abfälle zeugen davon, dass sich hier immer wieder mal Menschen treffen – zu einer Bunkerparty vielleicht?

Faszinierend ist, dass der Bunker von außen eher einem verwitternden Naturdenkmal gleicht, bewachsen mit Gräsern, Sträuchern und Bäumen, ein Überbleibsel aus einer Zeit, in der die Bedrohung auf der anderen Seite der Grenze zu lauern schien, während sich das Südtirol der Gegenwart ganz friedlich im Herzen Europas befindet, gottseidank.

Infos: Der Bunker ist Teil der Höhenwanderung von der Bergstation der Rotwand-Seilbahn (Einkehr auf der Rudihütte oder Gaudialm) unterhalb der mächtigen Feldwände der Rotwand zum Kreuzbergpass (2 Std.) und begegnet einem im Abstieg nach etwa 1,5 Std. Rückkehr ab Pass mit dem Linienbus, der bei der Rotwandtalstation hält. Unterwegs keine Einkehr. Auch umgekehrt möglich (dann erreicht man den Bunker bereits nach etwa 40 Min.).

HIER WOHNTE / QUI ABITAVA
RICHARD REITSAMER
JG. / NATO 1901
VERHAFTET / ARRESTATO 1944
SONDERGERICHT
BOZEN / BOLZANO
ZUM TODE VERURTEILT
CONDANNATO A MORTE
ERMORDET / UCCISO
11. 7. 1944

via Carducci
Carducci str.

18. Die Stolpersteine in Meran

Stolpersteine gibt es seit 1992, mittlerweile in 26 europäischen Ländern. Über 75.000 wurden bisher unter der Regie des deutschen Künstlers Gunter Demnig, der sie auch erfunden hat, verlegt. Sie befinden sich z.b. vor Hauseingängen, in denen früher jüdische Bürger*innen wohnten, in den Boden eingelassen.

Der Begriff assoziiert, dass man, indem man über sie „stolpert", auf die betroffenen Menschen und ihr Schicksal aufmerksam wird und zugleich einen geographischen Bezug herstellen kann. Das scheint heutzutage, bedauerlich genug, wichtiger denn je zu sein.

Die Stolpersteine gelten mittlerweile als das größte dezentrale Mahnmal der Welt, sind allerdings unter Jüd*innen selbst nicht unumstritten. Manche argumentieren, hier werde die Erinnerung wortwörtlich „mit Füßen getreten". So gibt es z.b. in München bislang keine Stolpersteine auf öffentlichem Gelände, weil die Vorsitzende der dortigen jüdischen Gemeinde, Charlotte Knobloch, dagegen ist.

In Meran wurden im Jahr 2012 insgesamt 33 Stolpersteine als Erinnerung an die jüdischen Opfer der NS-Zeit, die an diesem Ort wohnten, in den Gehweg eingelassen. Gunter Demnig wurde dabei von Schülern verschiedener Schulen, die auch die nötigen Recherchen zu den Biographien durchführten, und der jüdischen Kultusgemeinde unterstützt.

Alle verbliebenen Mitglieder der Jüdischen Gemeinde wurden am 16.9.1943 von den Nazis ins KZ Reichenau bei Innsbruck gebracht wurden, die dort Überlebenden kamen später nach Birkenau. Einige der Stolpersteine liegen im Zentrum, z. B. in der Laubengasse. In der Nummer 71, heute ein Optikergeschäft, wohnte einst Richard Reitsamer. Er verweigerte den Kriegsdienst aus religiösen Gründen und wurde am 1944 hingerichtet.

Infos: Eine Karte zur Lage der Stolpersteine, die mit kurzen biografischen Informationen der jeweiligen Haushalte hinterlegt ist, findet sich unter www.meranoebraica.it.

19. Das Geierknöttl bei Tramin

Wandern ist in Südtirol Königsdisziplin, vom Brenner bis zum Unterland ist für Alle etwas dabei. Nicht selten trifft man auf seinen Ausflügen auf skurrile und wundersame Orte. Einer davon ist das Geierknöttl bei Tramin. Es befindet sich am Traminer Naturerlebnisweg. Dieser führt als abwechslungsreicher Steig durch einen dichten Laubwald und umrundet dabei den Söller Berg, eine vollständig bewaldete Erhebung, die zwischen dem Ort Söll und der flachen, dem Kalterer See südwärts vorgelagerten Ebene liegt, die sich alsbald mit dem Etschtal vereinigt. Der Weg ist für diese Höhenzone unerwartet alpin, immer wieder warten steile Auf- und Abstiege, und nach dem Regen kann es rutschig werden, Trittsicherheit ist erforderlich.

Das Geierknöttl ist eine abgerundete Felskuppe, die sich frei über dem Wald darunter erhebt und einen atemberaubenden Ausblick auf das Etschtal, das Trudner Horn und die zwei Spitzen von Schwarz- und Weisshorn ermöglicht.

Früher stellte man hier einen ausgestopften Uhu als Köder auf, um andere Beutegreifer anzulocken. So konnten sie von Jägern leicht abgeschossen werden. Im Volksmund werden Greifvogelarten als „Geier" bezeichnet: Habicht (Hennengeier), Mäusebussard (Mausgeier), Falke (Stechgeierl) und Sperber (Steaßlgeier). So entstand der Name „Geier-Knöttl".

Diese Felsennase ist für Raubvögel ein idealer Lande-, Start- und Aussichtsplatz. Die Luft wird von der Sonne am Porphyrfelsen erwärmt und strömt nach oben, was Aufwind erzeugt. So können die Räuber ihre Beute (Mäuse, Schlangen) gut ausspähen. Oft landen die Greifvögel mit der gefangenen Beut auf dem Felsen, um sie dort zu verzehren. Daher findet man am „Geier-Knöttl" (wie auch auf dem Foto) häufig Knochen, Federn, Haare und Gewölle. Die Mulde auf dem vorderen Bereich des Felsens ist nach dem Regen mit Wasser gefüllt. Somit ist dafür gesorgt, dass das Mahl mit einem guten Schluck hinuntergespült werden kann.

Infos: Der Traminer Naturwanderweg dauert etwa 2,5 Std. und ist 7 km lang. An der Strecke gibt es, in der Nähe vom Geierknöttl, einen Findling zu bewundern, der mit dem Gletscherfluss der letzten Eiszeit seinen Weg von unterhalb des Ortlers bis hierher gemacht hat – erstaunlich!

20. St. Peter in Altenburg

Kirchen in Südtirol – über dieses Thema wurden Bücher verfasst, von der frühen Romanik bis zur Postmoderne lässt sich allerhand entdecken. Manchmal ist aber nicht der Bau selbst das Besondere, sondern die Umgebung und die Aura, die durch sie entsteht, so bei der Ruine von St. Peter in Altenburg im Unterland.

Die Ruine der Kirche sieht man sehr gut vom Panoramaaussichtsplatz in Altenburg aus. Von hier erreicht man sie in etwa 20 Min. auf steilem, teils holprigen Geläuf durch Laubwald. Sie gehört zu den ältesten christlichen Kirchen Tirols, ist vielleicht die älteste Kirche Südtirols und wurde im 4. oder 6. Jh. errichtet.

Die dreischiffige Kirche hatte eine halbrunde Mittelapsis, in der einige Freskenreste aus späterer Zeit erhalten sind. Man fragt sich, warum sie so unzugänglich unmittelbar an der Schlucht erbaut wurde, sodass man im Mittelalter eine Steinbrücke errichten musste, um die Kirche zu erreichen.

Für die alte Brücke wurde etwas höher eine Hängebrücke errichtet, sie erspart den Abstieg in die Schlucht und ist ein Teil des Friedensweges, der von der Altenburger Kirche über St. Peter hinunter zur Pfarrei Maria Himmelfahrt in Kaltern führt. Sie hängt 30 m über den Resten eines mittelalterlichen Brückenpfeilers über der Schlucht. Am Pfad zur Kirche befindet sich ein Schalenstein mit einigen, gut erkennbaren, kreisrunden Vertiefungen.

Im Jahre 2000 wurde die Ruine nach der Durchführung von Renovierungsarbeiten neu geweiht. Zu diesem Zweck wurde ein filigraner Rundbogen aus Edelstahl an die Stelle gesetzt, an der sich früher das Kirchenportal befand.

Wenn man durch diesen Bogen hindurchtritt, gelangt man zwar in freien Raum, hat aber doch ein bisschen das Gefühl, als würde man ein altes Kirchenschiff betreten.

Es ist ein magischer, sehr besinnlicher Ort, dessen Wirkung sich am ehesten frühmorgens oder abends im Dämmerlicht entfaltet.

Infos: Die Ruine der Kirche ist in Privatbesitz (Familie Baron di Pauli), aber jederzeit frei zu besichtigen.

21. St. Jakob bei Kastelaz

Schon der Zugang zu dem romanischen Kirchlein im oberen Ortsteil von Tramin ist spektakulär.
Auf dem historischen Kirchsteig geht es durch Weinreben hinauf, mit tollen Blicken auf Tramin und Unterland. An der Ostseite ragen zwei hohe Zypressen in den Himmel, senkrecht unterhalb des Aussichtsbalkons erstreckt sich ein steiler Weinberg.
Der Blick von hier reicht bis hinüber zu Schwarz- und Weisshorn. Im Spätherbst, wenn die Weinreben goldgelb erstrahlen, er Himmel von klarem Azurblau ist und die zwei Gipfelkuppen bereits eine dünne Schneeschicht tragen, ist dieser Ort von unvergleichlicher Magie.
Auch das Kirchlein selbst beeindruckt. Das ursprüngliche Kirchenschiff und das später angebaute gotische Parallelschiff sind mit farbenfrohen Fresken aus der jeweiligen Entstehungszeit dekoriert.
In der Sockelzone des romanischen Teils fällt gleich eine außergewöhnliche Darstellung ins Auge, denn dort sind die berühmten kämpfenden Fabelwesen zu sehen, u. a. die Nixe mit den beiden Fischschwänzen. Die meisten Wesen haben tierische und menschliche Teile, Pferde mit Menschenoberkörper in antiker Tradition, Vogel- und Fischmenschen, es gibt aber auch einige völlig fantastische, an nichts Reales erinnernde Ungeheuer.
Man versteht den Sinn des Freskenbandes nur, wenn man die Darstellungen darüber mit einbezieht, die Christus in der Mandorla, Heilige und Apostel zeigen. Die Ungeheuer sollen den Kontrapunkt zur christlichen Erlösung darstellen, das zur ewigen Verdammnis und zur Hölle verurteilte Heiden- und Ketzertum.

Infos: Die Kirche hat von Ostern bis Anf. Nov. tgl. 10 bis 18 Uhr, im Winter am Wochenende 11 bis 16 Uhr geöffnet und ist am besten zu Fuß zu erreichen. Eine Spende von 2 € wird erbeten. Führungen auf Anfrage (Tel. 0471/860190). Von Kastelaz führt ein breiter Panoramaweg (die Kastelaz-Promenade) durch schönen Laubwald nach Kurtatsch, einfach 4,5 km und 1,5 Std., auch mit dem MTB zu fahren, Rückweg mit dem Bus möglich.

22. Fennberg

Fennberg liegt auf einem bewaldeten Plateau, das zum Etschtal hin mit bis zu 800 m hohen Wänden abfällt. Die abgelegene Siedlung befindet sich verstreut in einer Höhe zwischen 1000 und 1160 m. Im Jahre 1145 erstmals urkundlich erwähnt, war die Hochfläche wahrscheinlich schon viel früher besiedelt, wie mehrere prähistorische Fundstätten belegen. Viele der Höfe Fennbergs stammen noch aus dem Mittelalter (damals hatte Fennberg sogar eine eigene Gerichtsbarkeit), einige wurden von wohlhabenden Familien im 18. Jh. als Sommerfrische errichtet.

Wenn man vom „Hotel zur Kirche" der Straße westwärts folgt, passiert man zur Linken unter zwei Ulmen den Siebenbrunnenhof. Kurz darauf folgt der Turm-Kellerhof mit dem ehemaligen Gerichtsgebäude und Gefängnis, einer Hofkapelle und einem Sommerfrischehaus. Am Ende des geteerten Weges trifft man auf das Weingut Hofstatt, einen der höchstgelegenen Weingärten Europas (1034 m).

Der Fennberger See ist ein romantisch gelegener See von ca. 1,3 ha Größe, er ist von einem Schutzgebiet umgeben, durch das nur ein einziger Zugang an das Wasser führt (dort Bademöglichkeit). In den blumenreichen Feuchtwiesen um den See finden sich viele Orchideen, im klaren Wasser lebt der sehr selten gewordene Flusskrebs, und im Frühjahr kann man beobachten, wie sich im Uferbereich zahlreiche Erdkröten zeitlupenartig ans Licht graben und in der wärmenden Frühlingssonne ganz allmählich ihre Körpertemperatur hochfahren. Ähnlich entschleunigt fühlt man sich als Besucher*in dieses Hochplateaus.

Infos: Die Straße von Kurtatsch auf den Fennberg ist kurvig, aber gut ausgebaut, landschaftlich reizvoll und nicht stark befahren. Deshalb bietet sie sich für eine Fahrradtour an. Auf 14,5 km werden 850 Höhenmeter überwunden, garniert mit herrlichen Talblicken. Was nicht heißt, dass man nicht auch mit dem Auto hochfahren kann. Einkehr ist im Plattenhof und im „Hotel zur Kirche" möglich.